O Mar de Picos

Editora Appris Ltda.
1.ª Edição - Copyright© 2020 dos autores
Direitos de Edição Reservados à Editora Appris Ltda.

Nenhuma parte desta obra poderá ser utilizada indevidamente, sem estar de acordo com a Lei nº 9.610/98. Se incorreções forem encontradas, serão de exclusiva responsabilidade de seus organizadores. Foi realizado o Depósito Legal na Fundação Biblioteca Nacional, de acordo com as Leis nos 10.994, de 14/12/2004, e 12.192, de 14/01/2010.

Catalogação na Fonte
Elaborado por: Josefina A. S. Guedes
Bibliotecária CRB 9/870

O482m 2020	Oliveira, Paulo Victor de
	   O Mar de Picos/ Paulo Victor de Oliveira, Joceane Layane, Rodrigues de Moura. - 1. ed. – Curitiba : Appris, 2020.
	   24 p. : il. color. ; 27 cm.
	
	   Inclui bibliografias
	   ISBN 978-65-5523-921-8
	
	   1. Literatura infantojuvenil. I. Moura, Joceane Layane Rodrigues de. II. Título. III. Série.
	
	                                                    CDD – 306.7

Appris
editora

Editora e Livraria Appris Ltda.
Av. Manoel Ribas, 2265 – Mercês
Curitiba/PR – CEP: 80810-002
Tel. (41) 3156 - 4731
www.editoraappris.com.br

Printed in Brazil
Impresso no Brasil

Paulo Victor de Oliveira
Joceane Layane Rodrigues de Moura

O Mar de Picos

FICHA TÉCNICA

EDITORIAL	Augusto V. de A. Coelho
	Marli Caetano
	Sara C. de Andrade Coelho
COMITÊ EDITORIAL	Andréa Barbosa Gouveia (UFPR)
	Jacques de Lima Ferreira (UP)
	Marilda Aparecida Behrens (PUCPR)
	Ana El Achkar (UNIVERSO/RJ)
	Conrado Moreira Mendes (PUC-MG)
	Eliete Correia dos Santos (UEPB)
	Fabiano Santos (UERJ/IESP)
	Francinete Fernandes de Sousa (UEPB)
	Francisco Carlos Duarte (PUCPR)
	Francisco de Assis (Fiam-Faam, SP, Brasil)
	Juliana Reichert Assunção Tonelli (UEL)
	Maria Aparecida Barbosa (USP)
	Maria Helena Zamora (PUC-Rio)
	Maria Margarida de Andrade (Umack)
	Roque Ismael da Costa Güllich (UFFS)
	Toni Reis (UFPR)
	Valdomiro de Oliveira (UFPR)
	Valério Brusamolin (IFPR)
ASSESSORIA EDITORIAL	Lucas Casarini
REVISÃO	Elizete Celestino Holanda (UFRR)
	Maria Somália Sales Viana (UVA)
	Andrea Bassoto Gatto
REVISÃO ORTOGRÁFICA	Maria da Conceição Rodrigues Martins (UFPI - CSHNB)
	Rebeca Sales Viana (UVA)
PRODUÇÃO EDITORIAL	Gabrielli Masi
DIAGRAMAÇÃO	Raniel das Flôres Canuto
	Daniela Baumguertner
CAPA	Wêiler Barroso da Costa e Silva
ILUSTRAÇÕES	Wêiler Barroso da Costa e Silva
COMUNICAÇÃO	Carlos Eduardo Pereira
	Débora Nazário
	Kananda Ferreira
	Karla Pipolo Olegário
LIVRARIAS E EVENTOS	Estevão Misael
GERÊNCIA DE FINANÇAS	Selma Maria Fernandes do Valle
COORDENADORA COMERCIAL	Silvana Vicente

*A Josué Camargo Mendes (in memoriam),
grande paleontólogo brasileiro.*

Olá! Eu sou o trilobita Josué.

Sou um animal marinho e possuo uma carapaça que me protege de perigos no fundo do mar.

Hoje irei contar uma história para você!

Há muito tempo, a quantidade de água do mar aumentou tanto que avançou para dentro dos continentes, chegando a lugares bem distantes do litoral que conhecemos.

Foi o que aconteceu na região de Picos no Piauí, onde parte dessa água chegou, trazendo com ela diversos animais. Isso mesmo! Toda essa área da cidade de Picos e cidades vizinhas já foi completamente coberta pelas águas do mar.

No início de tudo, quando a Terra foi formada, diversos meteoritos vindos do espaço interplanetário caíram na superfície de nosso planeta, modelando e modificando seu relevo.

Em vários momentos, a Terra sofreu mudanças climáticas, com períodos de extremo calor ou de um frio congelante. Essas mudanças favoreceram cada vez mais o surgimento da vida no planeta, a começar por seres microscópicos que, ao passar do tempo, foram originando outros seres, estes macroscópicos.

O planeta continuou a sofrer várias mudanças. Os continentes se movimentavam e, às vezes, dividiam-se ou se juntavam. Esses movimentos fizeram com que as águas dos oceanos invadissem áreas mais baixas no interior desses continentes, formando mares ou lagoas de água salgada em alguns locais, como no sertão do nordeste do Brasil.

Foi assim que, há 380 milhões de anos, em um período chamado Devoniano, os locais onde hoje estão Picos e os municípios próximos, foram cobertos pelas águas do mar.

O mar de Picos apresentava uma fauna bem diversificada, composta por animais invertebrados, como: trilobitas, moluscos biválvios e gastrópodes. Existiam, ainda, alguns vertebrados, como peixes ósseos e cartilaginosos, como os tubarões.

Além desses animais, existiam alguns vegetais na porção de terra que não foi coberta pelas águas do mar, naquela época.

Era um ambiente bem diferente do atual...

Com o passar do tempo, as mudanças no planeta Terra continuaram a ocorrer e os ambientes se transformaram, e alguns animais e plantas foram desaparecendo, enquanto outros evoluíram.

E como sabemos disso tudo? Graças ao estudo dos fósseis!

Você sabe o que é um fóssil?

Os fósseis são restos ou vestígios de microrganismos, animais e plantas que viveram no passado e que ficaram conservados nas rochas.

Em Picos, os fósseis de trilobitas, como eu, moluscos, peixes e algumas plantas, podem ser encontrados nas rochas dos diversos morros espalhados pela cidade.

Há 380 milhões de anos vivíamos em Picos, habitando o mar que havia naquele tempo.

Partes dos nossos corpos ou vestígios de nossa presença ajudam os cientistas paleontólogos a conhecerem melhor como era nosso planeta no passado e quem o habitou.

Nossos vestígios são chamados de icnofósseis. Os icnofósseis são marcas deixadas por nós quando realizávamos alguma atividade, como deslocamento (rastejar, por exemplo), escavações, perfurações, habitação (moradia) e até mesmo repouso (descanso). Acredite!

Deixamos tudo isso preservado nas rochas, tornando possível entender um pouco sobre nosso comportamento quando vivíamos nas águas daquele mar de Picos...

Estamos preservados nas rochas há bastante tempo, mas nem todas as pessoas nos conhecem, nem sequer sabem que um dia existimos.

Por isso, quando você encontrar um fóssil, deve levá-lo até o paleontólogo, na universidade. Ele é o cientista que estuda os fósseis!

Desde o ano de 2013, um grupo de cientistas da Universidade Federal do Piauí em Picos, trabalha para que as pessoas possam nos conhecer e entender a nossa importância e o quanto de história nós podemos contar.

Em Picos, muitas casas, prédios, comércios e ruas estão sempre sendo construídos... e nós estamos lá... nos terrenos, nos morros e nas rochas que se desprendem ou são retiradas por algumas pessoas.

Muitos de nós já fomos descobertos e estamos guardados em coleções científicas de paleontologia, como a da Universidade Federal do Piauí, em Picos. Projetos são feitos para que cada vez mais as pessoas nos conheçam e ajudem a preservar os locais onde podemos ser encontrados.

Somos tesouros escondidos e guardamos conosco parte de um passado desconhecido.

Agora, você já sabe que existimos e que estamos espalhados pelos morros da cidade, apenas esperando sermos descobertos, estudados e preservados!

Ajude a manter a riqueza paleontológica de Picos e cidades vizinhas!

Autores

Paulo Victor de Oliveira é cearense, natural de São Benedito, embora tenha crescido na cidade vizinha, Ibiapina. É licenciado em Ciências Biológicas e tem mestrado e doutorado em Geociências. É paleontólogo e professor universitário. Vive em Picos, estado do Piauí, onde leciona na Universidade Federal e desenvolve, junto aos seus alunos, trabalhos de pesquisa com fósseis da região e do estado vizinho, o Ceará. Desde 2013, coordena o Laboratório de Paleontologia de Picos (LPP), por meio do qual desenvolve, além de pesquisas, publicações científicas e projetos de extensão que incentivam o interesse pela ciência e a popularização da Paleontologia.

Joceane Layane Rodrigues de Moura é piauiense, natural de Picos. É licenciada em Ciências Biológicas (2019) pela Universidade Federal do Piauí. Integrou a equipe do Laboratório de Paleontologia de Picos (LPP) de 2016 a 2019, contribuindo com a realização de projetos de Ensino e Divulgação em Paleontologia na rede pública de ensino de Picos.

Ilustrador

Wêiler Barroso da Costa e Silva, 22 anos, estudante de Educação Física (UFPI), de Teresina-PI. Fruto de uma família rodeada de artistas, lançou suas pinturas em 2015, sempre retratando os sentimentos humanos e como eles podem ser transformados em arte. Segue em busca da simplicidade de uma vida dedicada ao que ele ama, e se dedica, dia após dia, à intitulada arte.